Mis pequeños cuadernos de NATURALEZA

Yo sé reconocer los planetas y las estrellas

Texto: Sandra Lebrun
Ilustraciones: Mary Gribouille

Cómo utilizarlo

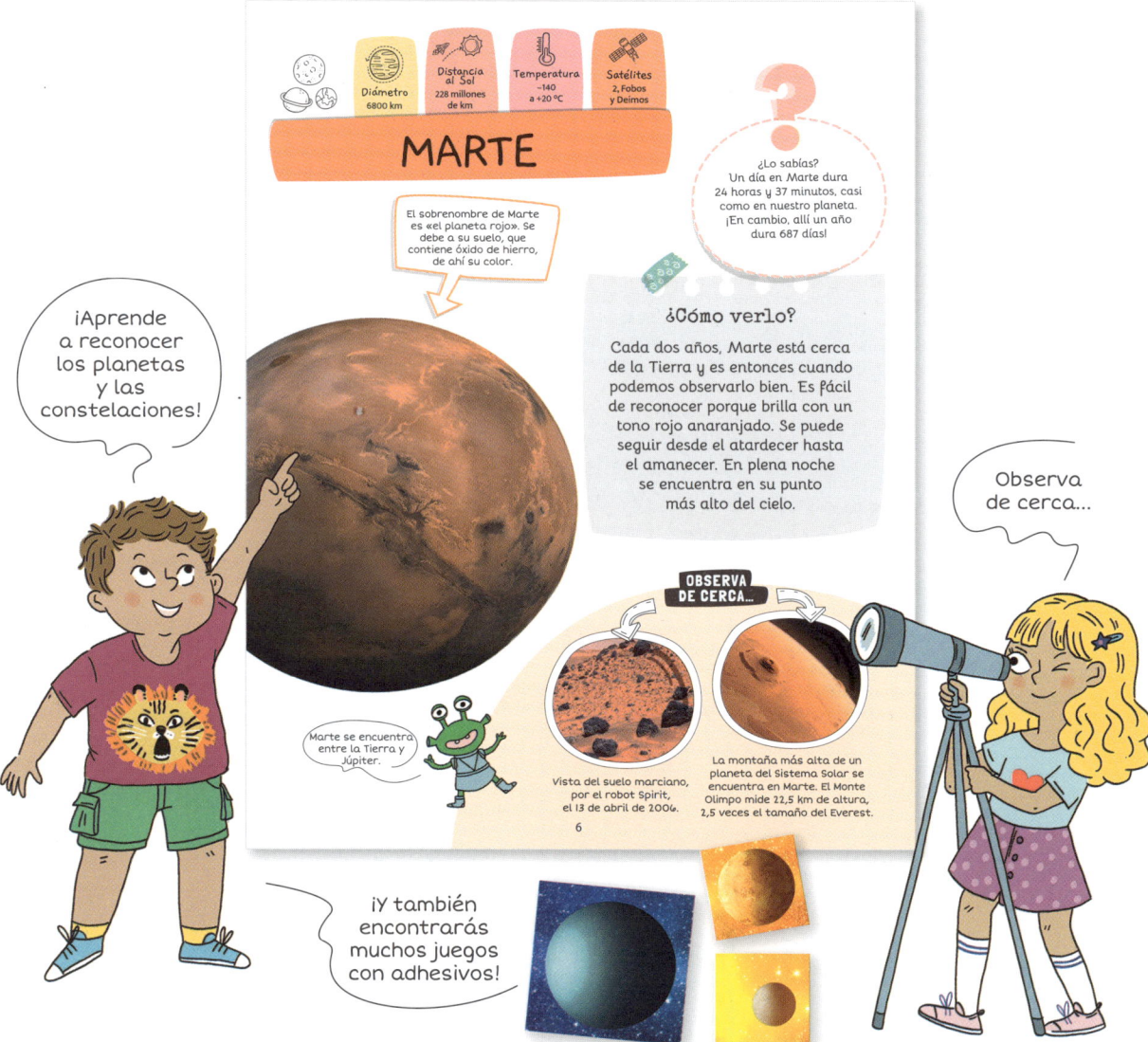

Diámetro
6800 km

Distancia al Sol
228 millones de km

Temperatura
–140 a +20 °C

Satélites
2, Fobos y Deimos

MARTE

El sobrenombre de Marte es «el planeta rojo». Se debe a su suelo, que contiene óxido de hierro, de ahí su color.

¿Lo sabías?
Un día en Marte dura 24 horas y 37 minutos, casi como en nuestro planeta. ¡En cambio, allí un año dura 687 días!

¡Aprende a reconocer los planetas y las constelaciones!

¿Cómo verlo?

Cada dos años, Marte está cerca de la Tierra y es entonces cuando podemos observarlo bien. Es fácil de reconocer porque brilla con un tono rojo anaranjado. Se puede seguir desde el atardecer hasta el amanecer. En plena noche se encuentra en su punto más alto del cielo.

Observa de cerca...

OBSERVA DE CERCA...

Marte se encuentra entre la Tierra y Júpiter.

Vista del suelo marciano, por el robot Spirit, el 13 de abril de 2006.

La montaña más alta de un planeta del Sistema Solar se encuentra en Marte. El Monte Olimpo mide 22,5 km de altura, 2,5 veces el tamaño del Everest.

6

¡Y también encontrarás muchos juegos con adhesivos!

Créditos fotográficos: www.shutterstock.com excepto **p. 4** corte de Mercurio © NASA's Goddard Space Flight Center, suelo de Mercurio © NASA/Johns Hopkins University Applied Physics Laboratory/Carnegie Institution of Washington, **p. 5** suelo de Venus NASA/JPL, **p. 6** suelo de Marte © NASA/JPL-Caltech/Cornell/NMMNH, **p. 7** infrarrojo de Júpiter © NASA, ESA, CSA, Jupiter ERS Team; procesamiento de imágenes por Judy Schmidt, Gran Mancha Roja © NASA/JPL-Caltech/SwRI/MSSS/Jason Major, **p. 8** las nubes de Saturno © NASA/JPL-Caltech/Space Science Institute, **p. 9** anillos de Urano © X-ray: NASA/CXO/University College London/W. Dunn et al; Optical: W.M. Keck Observatory, **p. 24** noche de las Perseidas © NASA Matthew Dieterich, **p. 26** asteroides © NASA/JPL, **p. 28** © NASA/Bill Ingalls, **p. 30** eclipse © NASA Photo / Carla Thomas, **p. 35** el Sol © NASA/SDO, erupción solar © NASA/SDO, **p. 37** Thomas Pesquet © NASA, la Tierra vista desde la cúpula de la EII © NASA, **p. 38** cápsula en el mar © NASA/Bill White, aterrizaje del transbordador © NASA / Photo Jim Ross, **p. 39** vehículo lunar © NASA, **p. 40** helicóptero Ingenuity © NASA/JPL-Caltech, **p. 41** telescopio espacial Hubble © NASA, los Pilares de la Creación © NASA, ESA, CSA, STScI; Joseph DePasquale (STScI), Anton M. Koekemoer (STScI), Alyssa Pagan (STScI), **p. 43** telescopio James-Webb © NASA, ESA, CSA, STScI, **p. 45** agujero negro © NASA/JPL-Caltech, primera imagen real de un agujero negro © NASA Event Horizon Telescope colaboración et al.

Sumario

| 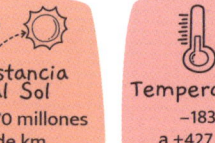Diámetro 4880 km | Distancia al Sol 46 a 70 millones de km | Temperatura −183 a +427 °C | 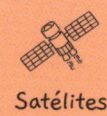Satélites 0 |

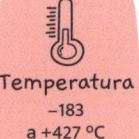

MERCURIO

En Mercurio el día dura 3 meses; ¡eso es mucho tiempo! Y la noche también dura lo mismo. ¡Es realmente muy larga!

Mercurio es más pequeño que la Tierra. Su volumen representa 0,766 veces el de nuestro planeta, es decir, algo más de la mitad.

¿Lo sabías? ¡Los planetas no son estrellas! Existen dos diferencias: si un punto de luz parpadea, es una estrella. Y si se desplaza de noche en noche entre las estrellas, ¡es un planeta!

No podemos vivir en este planeta: hace demasiado frío, demasiado calor y además... ¡no hay atmósfera!

¿Cómo verlo?

Mercurio es el planeta más cercano al Sol. Debido a esa cercanía, no es fácil encontrarlo de noche. Dos horas antes del amanecer o dos horas después del atardecer, a veces se puede observar cerca del horizonte.

OBSERVA DE CERCA...

Mercurio es un planeta telúrico, como la Tierra. Tiene un núcleo y una estructura rocosa.

A diferencia de la Tierra, Mercurio no tiene una atmósfera que lo proteja. El suelo está cubierto de cráteres provocados por la caída de rocas.

Diámetro	Distancia al Sol	Temperatura	Satélites
12 400 km	108 millones de km	465 °C	0

VENUS

Venus tiene un sobrenombre: «estrella del alba» (o «lucero del alba»). Sin embargo, no es una estrella, es un planeta.

Venus se encuentra entre Mercurio y la Tierra.

¡Venus gira en sentido opuesto a los otros planetas! Por lo tanto, el Sol sale por el oeste y se pone por el este.

¿Cómo verlo?

Por la noche, Venus es el planeta más brillante del cielo. Por la tarde, al caer la noche, mira hacia el oeste. Es lo primero que observarás. Y por la mañana, temprano, mira hacia el este; es el último punto de luz en desaparecer del cielo cuando se hace de día.

OBSERVA DE CERCA...

«La estrella del alba», el punto más luminoso.

Cráteres de impacto en la superficie de Venus.

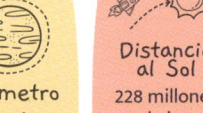 Diámetro 6800 km	Distancia al Sol 228 millones de km	 Temperatura −140 a +20 ºC	 Satélites 2, Fobos y Deimos

MARTE

¿Lo sabías?
Un día en Marte dura 24 horas y 37 minutos, casi como en nuestro planeta. ¡En cambio, allí un año dura 687 días!

El sobrenombre de Marte es «el planeta rojo». Se debe a su suelo, que contiene óxido de hierro, de ahí su color.

¿Cómo verlo?

Cada dos años, Marte está cerca de la Tierra y es entonces cuando podemos observarlo bien. Es fácil de reconocer porque brilla con un tono rojo anaranjado. Se puede seguir desde el atardecer hasta el amanecer. En plena noche se encuentra en su punto más alto del cielo.

OBSERVA DE CERCA...

Marte se encuentra entre la Tierra y Júpiter.

Vista del suelo marciano, por el robot Spirit, el 13 de abril de 2006.

La montaña más alta de un planeta del Sistema Solar se encuentra en Marte. El Monte Olimpo mide 22,5 km de altura, 2,5 veces el tamaño del Everest.

 Diámetro 140 000 km	Distancia al Sol 778 millones de km	Temperatura media −121 ºC	Satélites 63 conocidos

¡Júpiter también es el rey de los dioses romanos!

JÚPITER

Júpiter es el planeta más grande del Sistema Solar. ¡Su diámetro es once veces mayor que el de la Tierra!

¿Cómo verlo?

Se reconoce fácilmente porque es muy grande y brillante. No debe confundirse con Venus, «la estrella del alba», que es el primero en brillar en el cielo. Dependiendo de su posición con respecto a la Tierra, se observa toda la noche o solo la segunda parte de la noche.

OBSERVA DE CERCA...

Júpiter se encuentra entre Marte y Saturno.

La imagen infrarroja del telescopio espacial James-Webb nos permite ver bandas de nubes, neblinas y auroras...

La Gran Mancha Roja es un enorme ciclón que lleva activo 300 años. ¡El viento sopla a más de 400 km/h!

|  Diámetro 120 500 km |  Distancia al Sol 1427 millones de km |  Temperatura media −130 °C |  Satélites 60 conocidos, sin contar los anillos |

SATURNO

¿Lo sabías?
Los anillos de Saturno están constituidos por bloques de hielo, polvo y rocas que giran alrededor del planeta.

Al igual que Júpiter, Saturno es un planeta gigante gaseoso. ¡Su diámetro es nueve veces mayor que el de la Tierra!

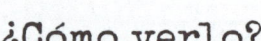

Saturno se encuentra entre Júpiter y Urano.

¿Cómo verlo?

Saturno es el último planeta claramente visible a simple vista. De todos modos, para ver sus anillos se necesita un pequeño telescopio. Parece una estrella muy brillante. Para encontrarlo, lo mejor es comprobar en un mapa estelar la constelación por donde circula cuando observas las estrellas.

OBSERVA DE CERCA...

Los anillos de Saturno.

Las nubes de Saturno.

Diámetro	Distancia al Sol	Temperatura media	Satélites
 47 600 km	 2870 millones de km	 −205 ºC	 27

URANO

Urano y Neptuno se conocen como «los gigantes helados». De hecho, el interior de estos planetas está formado por roca, ¡pero también por hielo!

Su bonito color azul se debe al metano presente en su atmósfera. Es el mismo fenómeno que se da en Neptuno.

Urano se encuentra entre Saturno y Neptuno.

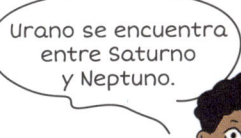

¿Cómo verlo?

No todos los planetas son visibles siempre. Urano está tan lejos que tarda mucho en completar una revolución* alrededor del Sol para acercarse a nosotros.
E incluso cuando está cerca, sigue siendo difícil de ver. Tiene que ser en una noche muy oscura, lejos de cualquier luz.

* Círculo de su trayectoria alrededor del Sol.

OBSERVA DE CERCA...

Vista de los anillos de Urano gracias a los rayos X. Son mucho menos visibles que los de Saturno.

Neptuno, gigante helado, situado más allá de Urano.

Juegos

Los planetas

1 Encuentra las 5 diferencias entre estos dos sistemas solares.

2 Para entender lo que dice este personaje, avanza cada letra un lugar en orden alfabético. A = B, B = C... Z = A.

iLHQZ, RD UD KZ DRSQDKKZ CDK ZKAZ!

3 Pega los planetas en el lugar correcto para completar nuestro Sistema Solar.

Jupiter

Urano

Mercurio

La Tierra

Venus

Marte

Sol

Saturno

Neptuno

4 Encuentra la respuesta a cada frase y descubre el planeta que lleva el nombre del dios romano del mar.

Mi primera sílaba son las tres primeras letras de un país de Asia con montañas muy altas.

Mi segunda sílaba es la persona a la que se dirige quien habla.

Mi tercera sílaba es una negación.

El conjunto se refiere a un planeta azul.

Juegos

5 **Completa esta vista de nuestro Sistema Solar para descubrir el camino recorrido por cada planeta durante su revolución alrededor del Sol.**

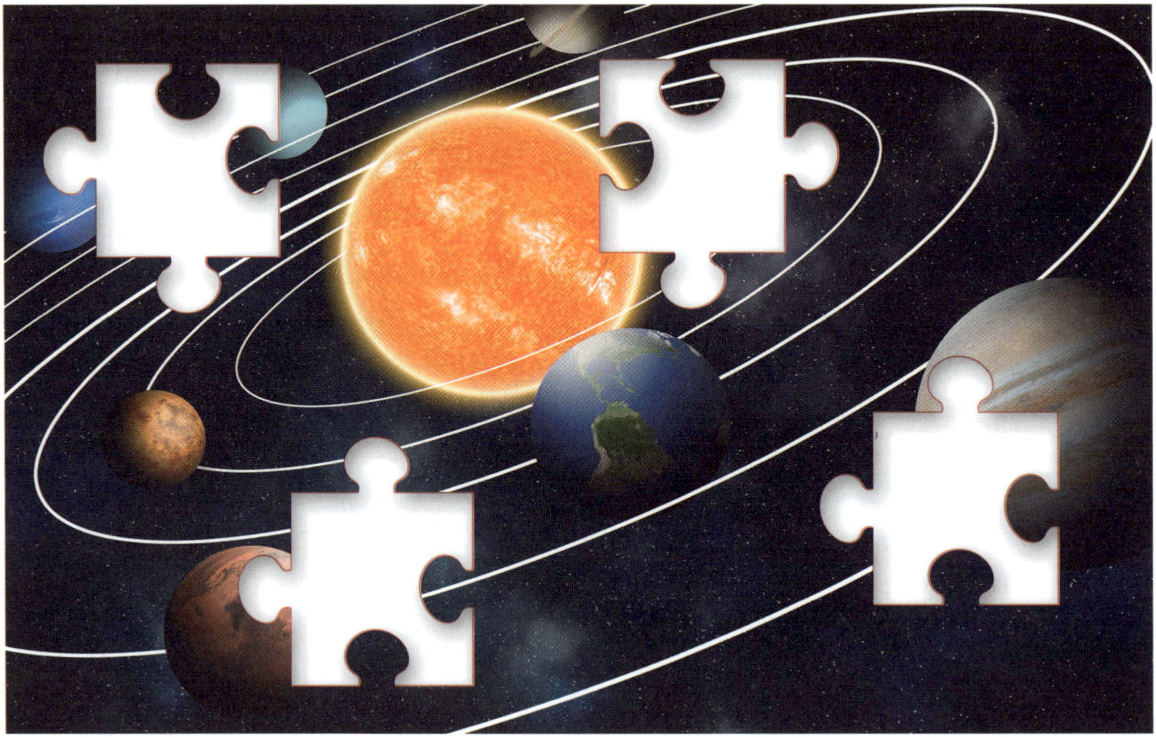

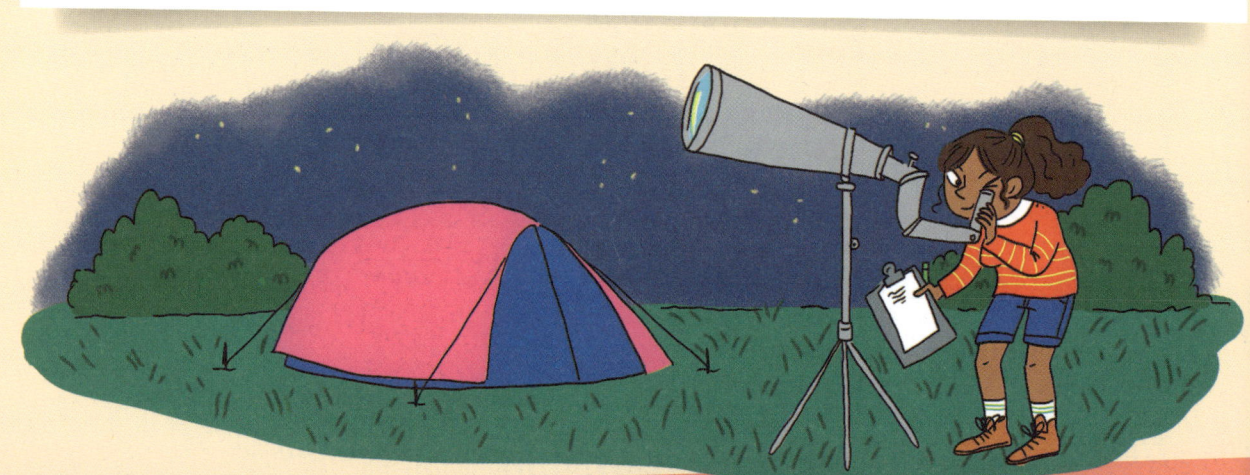

La Tierra

La Tierra es el tercer planeta del Sistema Solar contando desde el Sol. Es un planeta telúrico, es decir, tiene un núcleo rodeado por un manto, y por encima, la corteza sobre la que caminamos. ¡Bienvenidos a la Tierra!

El planeta azul

Vista desde el cielo, la Tierra es completamente azul. Son los océanos que cubren el 70% de la corteza terrestre los que le dan este color. Además, gracias a esta agua líquida, la vida es posible en nuestro planeta. Más lejos del Sol, el agua se convertiría en hielo, y más cerca, se evaporaría. Por lo tanto, estamos a una distancia adecuada, unos 150 millones de kilómetros, de nuestra estrella, el Sol.

La atmósfera

Es una capa de gas que rodea nuestro planeta. Nos proporciona el oxígeno que necesitamos para respirar. Además, nos protege del calor del Sol y de la caída de pequeños cuerpos celestes. Si pasan a través de ella, se inflaman, y es entonces cuando vemos las estrellas fugaces.

¡Es el planeta más bonito!

Adivinanza

Voy después de la Tierra y doy nombre al segundo día de la semana. ¿Quién soy?

Respuesta: Marte

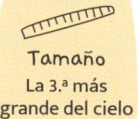

Tamaño
La 3.ª más grande del cielo

Estrellas visibles
216

Otros nombres
El Carro, el Cazo

La estrella más brillante
Alioth

LA OSA MAYOR

¡Encuentro muy extraño este dibujo de una osa!

¿Lo sabías?
Para situarse mejor, los humanos han trazado líneas imaginarias entre las estrellas, como en un juego de unir puntos. Muy a menudo dibujan animales. Estos grupos de estrellas se llaman constelaciones.

En el hemisferio norte, la Osa Mayor es visible durante todo el año.

¿Cómo verla?

Para localizar la Osa Mayor, la forma más sencilla es encontrar el Carro o Cazo. Sus siete estrellas realmente dibujan un cazo con el recipiente y el asa. ¡Además, estas estrellas son muy brillantes! A partir del Carro encontrarás las patas y el resto del cuerpo de la Osa Mayor.

¡Vaya! ¡Yo tengo el mismo cazo en la cocina!

OBSERVA DE CERCA...

El Carro o Cazo.

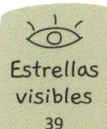

Tamaño
La 56.ª más grande del cielo

Estrellas visibles
39

Otros nombres
El Carro Menor, el Cazo Menor

La estrella más brillante
Estrella Polar

LA OSA MENOR

No puede verse en el hemisferio sur.

¿Lo sabías?
La estrella Polar indica el Polo Norte. Los marineros la buscaban para orientarse cuando navegaban.

Aunque esta constelación cuenta con 39 estrellas, en realidad solo se reconoce con las 7 estrellas que dibujan el Carro Menor.

¡Se ve mejor en primavera y en verano!

¿Cómo verla?

La mejor manera de encontrar la Osa Menor es hallar la Osa Mayor. Debes prolongar cinco veces la distancia entre las dos estrellas que dibujan el borde opuesto a la cola del Carro (Carro Mayor). Aquí es donde se encuentra la estrella Polar, la que está en el extremo de la cola del Carro Menor.

OBSERVA DE CERCA...

La Osa Menor y la Osa Mayor.

Tamaño	Estrellas visibles	Otro nombre	La estrella más brillante
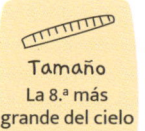 La 8.ª más grande del cielo	 217	En latín: *Draco*	 Gamma Draconis o Eltamin

EL DRAGÓN

¡Este dragón parece una serpiente!

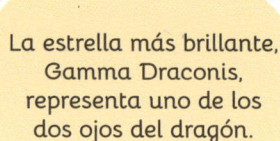

La cabeza de este dragón tiene la forma de un rombo.

La estrella más brillante, Gamma Draconis, representa uno de los dos ojos del dragón.

¿Cómo verla?

El Dragón está entre la Osa Mayor y la Osa Menor. La larga serie de estrellas que perfilan su cola rodea en parte el recipiente del Carro Menor. Pero el Dragón no brilla mucho y por eso no lo vemos todas las noches.

OBSERVA DE CERCA...

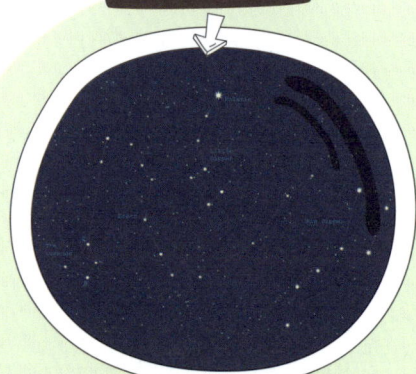

La Osa Mayor, la Osa Menor y, entre las dos, el Dragón.

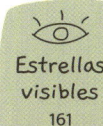 Tamaño La 25.ª más grande del cielo	 Estrellas visibles 161	Otros nombres El Trono	 La estrella más brillante Alpha Cassiopeiae

CASIOPEA

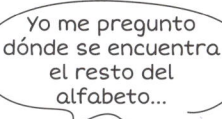

Yo me pregunto dónde se encuentra el resto del alfabeto...

¡Fíjate bien! ¡Si la miras del revés parece una M!

¡Las 5 estrellas que dibujan la W son las más brillantes de la constelación!

¿Cómo verla?

Una vez más, debes partir de la Osa Mayor. A continuación, debes encontrar la estrella Polar. Y en el lado opuesto está Casiopea.
Sus estrellas dibujan la letra W. Cuando la Osa Mayor está cerca del horizonte, Casiopea está en lo alto del cielo y es claramente visible.

OBSERVA DE CERCA...

De izquierda a derecha: la Osa Mayor, el Dragón, la Osa Menor con la estrella Polar, Cefeo y Casiopea.

Tamaño	Estrellas visibles	Otro nombre	La estrella más brillante
La 16.ª más grande del cielo	274	la Cruz del Norte	Deneb

 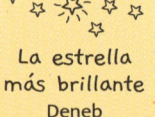

¡Este cisne se parece a una cruz!

EL CISNE

¿Lo sabías?
La estrella más brillante del Cisne no representa la cabeza del ave, sino la cola.

El ave vuela sobre la Vía Láctea. Parece que está volando hacia el sur.

¿Cómo verla?

Puedes encontrar la constelación del Cisne a partir de la Osa Menor. Rodeando a la Osa Menor se encuentra la cola del Dragón, y a la derecha de la cabeza del Dragón están las estrellas que dibujan el Cisne.

OBSERVA DE CERCA...

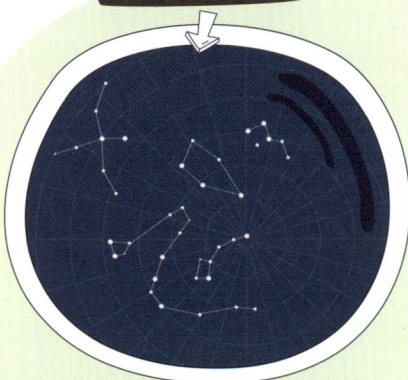

Abajo, el Dragón y la Osa Menor. Arriba a la derecha, Cefeo (la Casa) y la W (M) de Casiopea. A la izquierda, el Cisne.

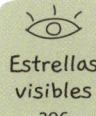
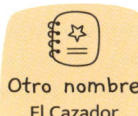

ORIÓN

Orión tiene dos estrellas más coloridas que las demás; una es amarilla y la otra, azul.

¿Lo sabías? En la mitología griega, Orión representa un cazador. Sostiene un arma sobre su cabeza y delante lleva un escudo.

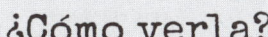

¿Cómo verla?

Se reconoce fácilmente gracias a sus tres estrellas alineadas que forman el cinturón de Orión. El resto del cuerpo se reconoce por las cuatro estrellas en rectángulo. Estas siete estrellas unidas dibujan algo así como una pajarita. Ya solo queda encontrar las estrellas que representan los brazos y el escudo.

He encontrado su cinturón.

OBSERVA DE CERCA...

Cuatro estrellas forman un rectángulo y tres estrellas en el centro dibujan el cinturón de Orión.

Juegos

Las constelaciones

1 Tacha los cuadros que te permitan escribir los nombres de las constelaciones de la lista. Te quedarán dos espacios para descubrir el nombre de otra constelación.

— CASIOPEA

— CISNE

— DRAGÓN

— OSA MAYOR

MA	SIO	CA	DRA
LE	CIS	GÓN	PE
NE	A	SA	YOR
ON	O		

Es la constelación del

....

2 Todas las estrellas aparecen dos veces excepto una. ¿Ves cuál?

3 Y ahora, ¿sabes identificar estas constelaciones?
Escribe su nombre debajo de cada imagen. Hay Casiopea, Orión, la Osa
Mayor, la Osa Menor, el Dragón y Cisne.

4 Observa las estrellas. ¿Cuántas ves?

5 Sigue la dirección de cada flecha para pasar de letra en letra y descubrir el nombre de esta constelación. Comienza con la estrella naranja.

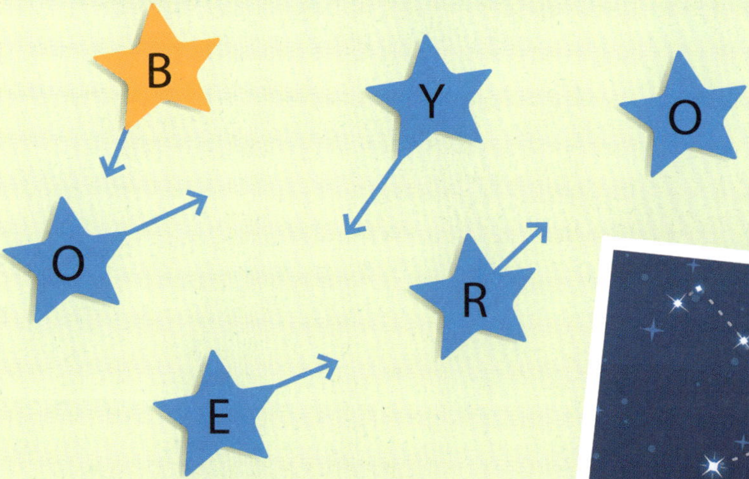

B

Y

O

O

R

E

Es la constelación del

....

La Luna

Los astrónomos creen que la Luna se formó tras una colisión enorme entre la Tierra en formación y un cuerpo celeste del tamaño de Marte, hace unos 4500 millones de años.

Este último se habría roto en fragmentos que acabaron reagrupándose. Unidos dichos fragmentos, formaron un gran bloque que, al girar sobre sí mismo, dio lugar a la Luna. Un poco como si fuera una bola de trozos de plastilina. ¡Bienvenidos a la Luna!

Un satélite natural

La Luna es el único satélite natural de la Tierra. La Tierra gira alrededor del Sol y, al tiempo que lo hace, la Luna gira alrededor de la Tierra. Nuestro satélite no nos abandona, aunque se aleje 3,8 cm al año.

La Luna es cuatro veces más pequeña que la Tierra.

¡A saltar!

A diferencia de nuestro planeta, en la Luna hay poca fuerza de atracción para mantener los pies en el suelo. Por eso, si un astronauta salta, ¡da saltos gigantes!

De cara y de perfil...

La Luna brilla en el cielo, pero no produce luz. Refleja la del Sol, un poco como un espejo. A veces la vemos totalmente redonda en las noches de luna llena. Pero en otras ocasiones solo se ve la mitad o una media luna. Esto se debe a que gira alrededor de la Tierra, por lo que no es la misma parte la que es iluminada por el Sol.

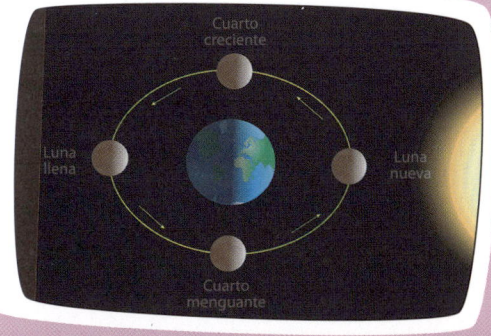

Una noche de lluvia de estrellas

¡Las lluvias de estrellas son un espectáculo magnífico! Puede haber decenas, hasta centenares por hora. Así pues, organízate para estar confortable en el momento adecuado y disfrutar de la lluvia de estrellas.

Algunos consejos

1 Elige una noche en la que el cielo esté despejado. Si hay nubes, no verás nada.

2 Mantente alejado de las luces de la ciudad y de las casas. Hay que estar en la oscuridad para ver mejor los puntos luminosos del cielo. ¡Si es una noche sin luna, mejor aún!

3 Elige un espacio despejado, sin árboles cerca de ti. Si puedes encontrar un lugar más elevado, aún mejor.

4 Abrígate bien, hace más frío por las noches, sobre todo si quieres observar el cielo en los meses de invierno.

¡Allá! ¡Ya he visto una!

Noche de las Perseidas.

- **Del 1 al 6 de enero:** las Cuadrántidas (120 estrellas por hora en promedio)
- **Del 16 al 25 de abril:** las Líridas (20/h en promedio)
- **Del 19 de abril al 28 de mayo:** las Eta Acuáridas (30/h en promedio)
- **Del 12 de julio al 19 de agosto:** las Delta Acuáridas del Sur (20/h en promedio)
- **Del 23 de julio al 30 de agosto:** las Perseidas (100/h en promedio)
- **Del 2 de octubre al 7 de noviembre:** las Oriónidas (20/h en promedio)
- **Del 15 al 20 de noviembre:** las Leónidas (30/h a más de 10 000 aproximadamente cada 30 años)
- **Del 4 al 17 de diciembre:** las Gemínidas (75/h aproximadamente)
- **Del 17 al 25 de diciembre:** las Úrsidas (10/h en promedio)

El calendario indica un periodo, pero cada lluvia de estrellas tiene una noche en la que verás más. La fecha exacta puede variar de un año a otro, pero por regla general se sitúa a mitad del periodo.

¡Tu proyector de constelaciones!

Material:

- Un rollo de cartón (de papel higiénico o de cocina)
- Una hoja de papel
- Un lápiz
- Un palillo
- Unas tijeras
- Pegamento
- Una luz (de móvil o linterna)

1. Traza el contorno del rollo de cartón en una hoja de papel.

2. Elige una constelación. En el círculo, dibuja puntos en el lugar de las estrellas.

3. Perfora cada estrella con un palillo.

4. Recorta el círculo.

5. Pon pegamento en el borde del tubo de cartón.

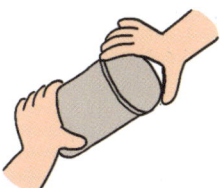

6. Pega el círculo en el tubo de cartón.

¡Oh, es muy bonito!

Lo único que tienes que hacer es apagar la luz de la habitación y poner una luz en el otro extremo del tubo. ¡La constelación se proyecta en el techo!

Tamaño
Hasta
1000 km

Cantidad
500 000 en el
cinturón principal

Observación
Primer
asteroide: 1801

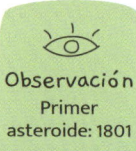

ASTEROIDES

Tienen una forma irregular y no se puede confundir con un planeta, que tiene forma de esfera regular.

Los asteroides se mueven entre Marte y Júpiter. Por lo general, no suponen ningún peligro porque son demasiado pequeños, pero es posible que en 2175 colisione uno grande con nuestro planeta. Los científicos los están monitoreando y buscan soluciones para desviarlos.

¿Qué es?

Un asteroide no es un planeta, sino un cuerpo celeste de tamaño variable. Está formado por rocas, metales y en ocasiones también hielo. Un grupo de centenares de miles de asteroides gira alrededor del Sol y se conoce como cinturón principal.

Hay un cinturón de asteroides entre Marte y Júpiter.

OBSERVA DE CERCA...

El cinturón principal de asteroides.

Tamaño
Núcleo del cometa Halley: 11 km de diámetro

Cantidad
Más de 6000

Observación
Cometa Halley: cada 76 años

¡El cometa Halley regresará en 2061!

El cometa Halley es el más conocido. Se observa desde la Antigüedad.

COMETAS

¿Lo sabías?
Cuando un cometa pasa cerca del Sol, el calor solar hace que el hielo del núcleo del cometa se sublime. Entonces queda rodeado por una atmósfera brillante y difusa llamada coma o cabellera que puede reflejar la luz solar.

Cuando un «cometa grande» se acerca a la Tierra, podemos verlo a simple vista, ¡incluso de día!

¡Las colas pueden extenderse varias decenas de millones de kilómetros!

¿Qué es?

Un cometa consta de tres partes: el núcleo, la coma y las colas. El núcleo y la coma forman la cabeza del cometa. El núcleo es de hielo y polvo, mientras que la coma y las colas son de gas y polvo.

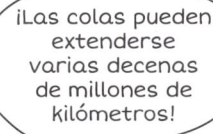

OBSERVA DE CERCA...

Las dos colas de un cometa, una azul y una blanca.

 Tamaño Algunos milímetros	 Cantidad Infinita	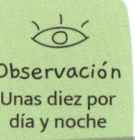 Observación Unas diez por día y noche

¡Oh! ¡Una estrella fugaz! ¡Voy a pedir un deseo!

ESTRELLAS FUGACES

¿Lo sabías?
¡Una estrella fugaz no es una estrella que cae del cielo! Una estrella es una bola de gas caliente, como el Sol, mientras que una estrella fugaz es polvo de la cola de un cometa o un pequeño fragmento de asteroide.

Una estrella fugaz puede viajar por el cielo a una velocidad de hasta 70 km por segundo. Solo la vemos uno o dos segundos como máximo.

¡Está a 100 kilómetros sobre mi cabeza!

Para observar estrellas fugaces, lee los consejos de la página 24.

¿Qué es?

Cuando una partícula de un cuerpo celeste se acerca a la Tierra, viaja a través de la atmósfera a mucha velocidad. La fricción y la compresión con el aire hacen que se caliente y se encienda. Entonces es cuando vemos una estrella fugaz.

OBSERVA DE CERCA...

A la izquierda, la estrella fugaz deja un trazo en el cielo. A la derecha, cerca del horizonte, la Osa Mayor.

Tamaño
De un centímetro a varios centenares de metros

Cantidad
Infinitos

Observación
Cada año caen sobre la Tierra unos 4400 de más de 1 kg

METEORITOS

Los meteoritos tienen formas y colores diferentes.

La mayoría de los meteoritos caen al mar, ¡pero a veces caen en tierra firme! Los meteoritos se rompen cuando atraviesan la atmósfera, y con un poco de suerte se pueden encontrar fragmentos.

El meteorito más grande se encontró en Namibia en 1920. ¡Pesa 66 toneladas!

Si el meteorito es muy grande, al estrellarse contra el suelo provoca un gran agujero: un cráter.

OBSERVA DE CERCA...

¿Qué es?

A veces atraviesan nuestra atmósfera fragmentos de asteroides, de la Luna e incluso de Marte. Cuando no se desintegran, acaban en el suelo de nuestro planeta. Cuando cruzan el cielo, estos fragmentos se llaman meteoros, pero una vez en la Tierra se denominan meteoritos.

Cráter en Arizona (Estados Unidos) provocado por un meteorito.

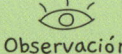
UN ECLIPSE

¿Lo sabías?
Aunque hay dos eclipses solares totales cada tres años aproximadamente, no son visibles en todas partes de la Tierra. El próximo visible en España (solo en el norte) tendrá lugar el 12 de agosto de 2026.

¡Cuidado! ¡Necesitas unas gafas especiales para protegerte los ojos!

¡Durante un eclipse total de Sol, anochece cuando es de día!

Cuando la Tierra pasa entre el Sol y la Luna, esta última desaparece poco a poco en la sombra de la Tierra. ¡Es un eclipse lunar!

El Sol, la Luna y la Tierra están alineados.

¿Qué es?

El Sol brilla e ilumina una parte de la Tierra. Cuando la Luna pasa entre la Tierra y el Sol, la Luna oculta el Sol y nos proyecta una sombra. ¡Es un eclipse solar! Si la Luna oculta parte del Sol, se trata de un eclipse parcial. Pero si lo oculta por completo, es un eclipse total.

OBSERVA DE CERCA...

Eclipse lunar; la sombra de la Tierra es visible en la Luna.

Tamaño
100 000
años-luz
de diámetro

Cantidad
Entre 100 000 y
400 000 millones de
estrellas y la misma
cantidad de planetas
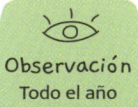
Observación
Todo el año

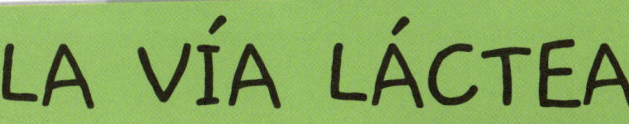

LA VÍA LÁCTEA

¡La Vía Láctea es nuestra galaxia!

El Universo está lleno de galaxias. Cada galaxia está llena de estrellas. Es probable que la mayoría de las estrellas tengan planetas girando a su alrededor. ¡Todo es tan grande que te sientes muy pequeño!

Las palabras «Vía» y «Láctea» provienen del latín y significan «camino de leche». Según la mitología griega, esta leche en el cielo es la de la diosa Hera.

¿Qué es?

Vista desde la Tierra, la Vía Láctea es un largo velo luminoso que cruza el cielo de norte a sur. Desde el espacio, la Vía Láctea tiene forma de espiral, es una galaxia. ¡La Tierra y todo nuestro Sistema Solar se encuentran en esta galaxia!

OBSERVA DE CERCA...

Galaxias en forma de espiral.

31

Juegos

EN NUESTRA GALAXIA

1 Une los puntos en orden creciente y descubre el dibujo que se esconde.

2 Ordena estos meteoritos de más grande a más pequeño. Escribe las letras en el mismo orden para saber de dónde vienen.

N

R

L

A

U

Meteoritos de origen

_____

3 Pega la imagen que coincida con cada definición. Luego completa cada frase.

Atravieso el cielo y tengo una cabellera y dos colas.
Soy un

_ _ _ _ _ _ _ _ .

Soy pequeña y rápida, y solo me ves un segundo.
Soy una

_ _ _ _ _ _ _ _ _

_ _ _ _ _ _ _ .

Soy un largo velo blanco en la noche.
Soy la

_ _ _

_ _ _ _ _ _ _ .

Soy el momento en el que un cuerpo celeste esconde otro.
Soy un

_ _ _ _ _ _ _ _ _ .

Soy un cuerpo celeste que ha llegado a la Tierra.
Soy un _ _ _ _ _ _ _ _ _ _ .

Juegos

4 Pega las fases de este eclipse total de Sol en el orden correcto.

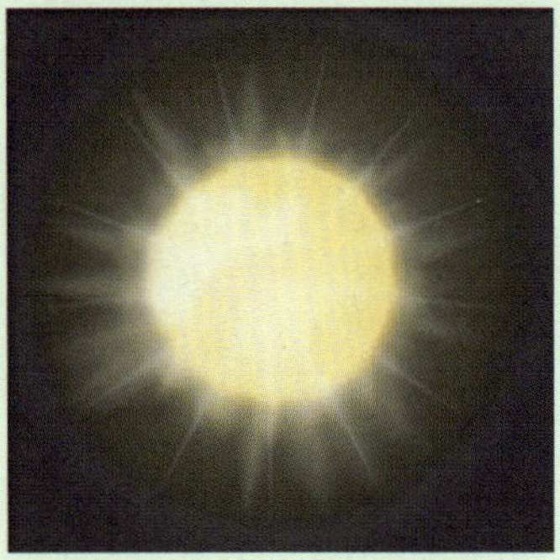

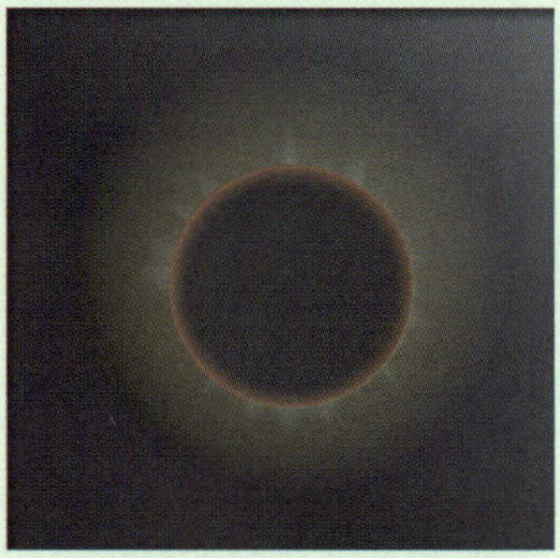

5 Entre estas dos imágenes ha desaparecido una galaxia.
¿Ves cuál?

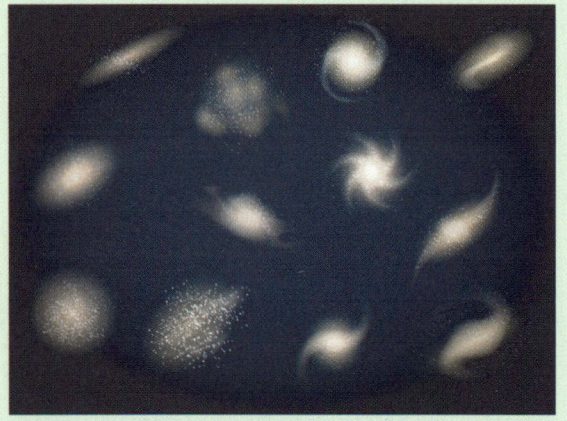

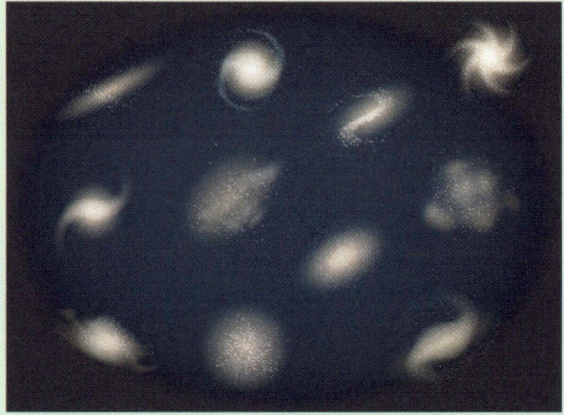

El Sol

Una estrella es un cuerpo brillante que emite luz. El Sol es, por tanto, una estrella, ¡nuestra estrella! Los científicos calculan que tiene 4500 millones de años, apenas algo más que la Tierra. Afortunadamente está ahí para iluminarnos y calentarnos.

Días y estaciones

La Tierra da una vuelta sobre sí misma cada 24 horas. En el lado iluminado por el Sol es de día. En el otro lado es de noche. Al mismo tiempo, la Tierra gira alrededor del Sol. Dependiendo de su posición, nuestro planeta no se calienta de la misma manera; son las estaciones.

> ¡Es como si girara sobre mí misma y trazara un círculo al mismo tiempo!

El Sistema Solar

En el corazón de nuestro Sistema Solar está el Sol. A su alrededor giran ocho planetas: Mercurio, Venus, la Tierra, Marte, Júpiter, Saturno, Urano y Neptuno.

¡Un sol abrasador!

El Sol es una enorme bola de gas muy caliente. A veces se cubre de manchas oscuras y escupe gases ardientes: son erupciones. La NASA, la agencia espacial estadounidense, sigue de cerca las ondas producidas por estos fenómenos.

Earth tilt
Polar day
DAY
EQUATOR
NIGHT
SUN RAYS
Polar night

En el lado iluminado por el Sol es de día.

> Hay que protegerse los ojos y la piel de los rayos solares.

Erupción solar.

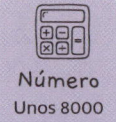
Número
Unos 8000

Objetivos
Meteorología, comunicaciones, militar...

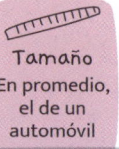
Tamaño
En promedio, el de un automóvil

SATÉLITES ARTIFICIALES

> Veo muchos pequeños puntos moviéndose uno detrás del otro. ¡Son los satélites Starlink!

> Hoy en día, los satélites están equipados con paneles solares que les proporcionan la energía necesaria para comunicarse con la Tierra.

> En el Sputnik 2, el segundo satélite artificial, lanzado por la Unión Soviética en 1957, había una perrita que se hizo famosa: Laika. ¡Fue la primera vez que se envió un ser vivo al espacio!

> El Sputnik 1, también soviético, fue el primer satélite artificial, lanzado en 1957, antes que el Sputnik 2.

¿Qué es?

Es un objeto construido por el ser humano y enviado al espacio mediante un cohete espacial. Gira en órbita* alrededor de la Tierra. Si ves un pequeño punto de luz moviéndose lentamente en el cielo, es un satélite artificial.

* Trayectoria en forma de óvalo.

Starlink: más de 3000 satélites para internet. Programa lanzado por Elon Musk.

OBSERVA DE CERCA...

Sputnik I, el primer satélite artificial.

Altitud
420 km

Objetivos
Laboratorio y
recopilación de datos

Tamaño
110 m de longitud,
74 m de anchura y
30 m de altura

ESTACIÓN ESPACIAL INTERNACIONAL (EEI)

Para construir esta
estación trabajaron juntos
varios países: Estados
Unidos, Rusia, diversos
de Europa y Japón.

En el interior, los astronautas
flotan, se encuentran en
ingravidez. Tienen que beber con
pajita. Y para dormir se atan a las
paredes, dentro de los sacos
de dormir.

La EEI está equipada con
laboratorios en los que trabajan
seis astronautas. Llevan a cabo
experimentos científicos para
prepararse para futuros viajes
al espacio.

¡En un día
da 16 vueltas
a la Tierra!

¿Qué es?

¡La estación es tan grande
como un estadio de fútbol!
Es el objeto creado por el ser
humano más grande que
orbita la Tierra. Si ves un
punto más brillante que los
demás moviéndose en el
cielo, es la EEI.

Los astronautas
pasan muchos
meses en la EEI.

OBSERVA DE CERCA...

La Tierra vista desde
la cúpula de la EEI.

 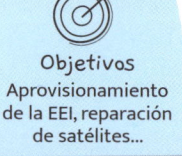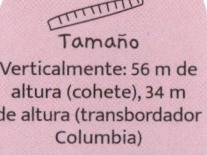
TRANSBORDADORES ESPACIALES

Hasta ahora, los vuelos espaciales estaban reservados a los astronautas. Hoy en día, los «turistas» también pueden viajar a las estrellas, ¡pero es muy caro! ¡El billete cuesta 420 000 euros!

Los transbordadores espaciales viejos son destruidos o expuestos en museos. ¡Así es más fácil poderlos ver!

¿Qué es?

Un cohete (en rojo en la foto) se utiliza para enviar al espacio satélites, transbordadores o cápsulas. Afortunadamente, el transbordador en el que se encuentran los astronautas regresa a la Tierra.

¡Un día me iré de vacaciones al espacio!

OBSERVA DE CERCA...

Amerizaje (en mar abierto) de la cápsula, frenado por paracaídas.
Ya no está el cohete.

Aterrizaje (como un avión) del transbordador.
Ya no está el cohete.

 Misiones 3 (del Apolo 15, 16 y 17)	 Objetivos Medio de transporte en la Luna	 Tamaño 3,10 m de largo, 1,80 m de ancho

ROVER LUNAR

¿Lo sabías?
El 21 de julio de 1969, dos estadounidenses, Neil Armstrong y Buzz Aldrin, fueron los primeros humanos en pisar la Luna.

Desde 1972, en la misión Apolo 17, ningún humano ha estado en la Luna, aunque están previstos otros viajes tripulados en el futuro.

¡Los astronautas abandonaron los tres vehículos lunares en la Luna! Pero no podemos verlos desde la Tierra.

¿Qué es?

Un rover lunar es un astromóvil, es decir, un vehículo que permite que los astronautas se desplacen por la Luna. Avanzaban muy lentamente, a una media de tan solo 5 km/h. Durante la última misión, en 1972, el rover lunar recorrió 36 km.

OBSERVA DE CERCA…

El 31 de julio de 1971, los astronautas del Apolo 15 desplegaron el primer vehículo lunar móvil.

El comandante de la misión Apolo 17, Eugene A. Cernan, realiza una revisión del vehículo lunar.

Misiones
9 robots
de la NASA

Objetivos
Recogida de muestras,
fotografías...

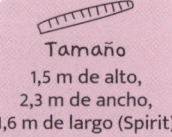

Tamaño
1,5 m de alto,
2,3 m de ancho,
1,6 m de largo (Spirit)

ROVERS EN MARTE

En 2003, la misión Mars Exploration Rover envió dos vehículos a Marte: Spirit (en la foto) y Opportunity. Desafortunadamente, Spirit quedó atrapado en la arena y no hemos sabido nada de él desde marzo de 2010. Desde entonces se han enviado otros rovers al planeta rojo.

Estos robotitos son muy cuquis.

Los rovers están demasiado lejos... No podemos verlos. ¡Qué pena!

¿Qué es?

En la Luna, se ha utilizado un rover para desplazarse. Pero los rovers que se envían a Marte son autónomos, ya que no hay humanos con ellos. Los robots filman la superficie del planeta rojo, toman la temperatura, analizan el suelo... y recogen algunas rocas.

OBSERVA DE CERCA...

El rover Perseverance llegó al suelo marciano el 18 de febrero de 2021 con el Ingenuity.

El helicóptero Ingenuity primer objeto en intenta un vuelo controlado er otro planeta.

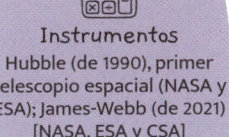

Instrumentos
Hubble (de 1990), primer telescopio espacial (NASA y ESA); James-Webb (de 2021) [NASA, ESA y CSA]

Objetivos
Observación, fotografías

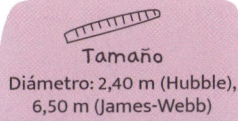

Tamaño
Diámetro: 2,40 m (Hubble), 6,50 m (James-Webb)

TELESCOPIOS ESPACIALES

Los telescopios espaciales proporcionan nueva información sobre planetas distantes, estrellas, galaxias, etc.

El Telescopio Espacial Hubble ha sido reemplazado por uno nuevo: el Telescopio Espacial James Webb, más eficiente y potente que el anterior.

¡Las fotos son impresionantes!

¡El telescopio James Webb quizá encuentre indicios de vida en otro planeta!

¿Qué es?

Un telescopio sencillo permite observar las estrellas y los planetas, y con los telescopios más potentes se conocen las profundidades del Universo. Algunos telescopios son enormes y se encuentran en la Tierra, otros se envían al espacio. El telescopio James Webb (en la foto) está a 1,5 millones de kilómetros de distancia; ¡no podemos verlo desde la Tierra!

OBSERVA DE CERCA...

Imagen de los Pilares de la Creación, gas interestelar, en una foto del telescopio espacial James Webb.

El telescopio espacial Hubble.

OBJETOS ESPACIALES

1 Pega el objeto que corresponde a cada leyenda.

Rover

Satélite

Transbordador espacial

Telescopio James Webb

2 Sigue el hilo de cada letra para completar la frase que dijo Neil Armstrong al pisar la Luna.

U H D D N A A I M

Este es un pequeño paso para un hombre pero un gran salto para la

_ _ _ _ _ _ _ _ _ _ .

3 Encuentra la sombra que corresponde exactamente a la de este astronauta.

4 Pega los adhesivos en el lugar adecuado para reconstruir esta fotografía tomada por el telescopio James Webb.

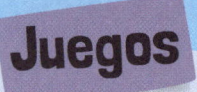

5 Colorea cada zona siguiendo el código de color.

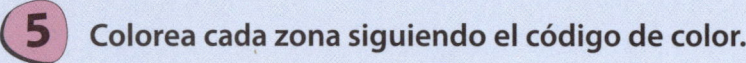

No podemos explorarlos, están demasiado lejos. Así que no sabemos qué hay dentro y por eso siguen siendo un misterio...

Un agujero negro se forma, por ejemplo, cuando muere una estrella muy grande. Su masa se concentra en un punto muy compacto llamado agujero negro.

Agujeros negros

La foto

Primera imagen real de un agujero negro.

¡Este misterio es un nuevo tema de investigación para los astrónomos!

Invisibles

Los agujeros negros son invisibles y no producen luz. Pero al observar atentamente nuestra galaxia, los astrónomos han detectado estrellas dando vueltas alrededor de algo invisible. ¡Han comprendido que las estrellas orbitaban un agujero negro y han conseguido fotografiarlo!

Soluciones de los juegos

Los planetas

1

2 El marciano dice:

> ¡Mira, se ve la Estrella del Alba!

3

4 Se trata del planeta **Neptuno**!
(**Nep [Nepal], tu [tú], no**).

5

Las constelaciones

1 Es la constelación del **León**.

2

3

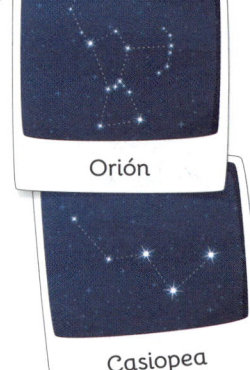
Orión

El Cisne

Casiopea

El Dragón

La Osa Menor

La Osa Mayor

4 Hay **10** estrellas.

5 Es la constelación del **Boyero**.

En nuestra galaxia

1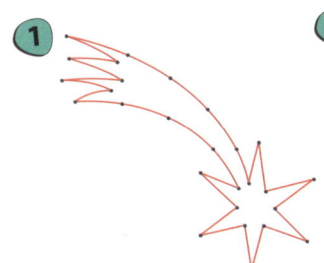

3  Atravieso el cielo y tengo una cabellera y dos colas. Soy un C O M E T A.

 Soy pequeña y rápida, y solo me ves un segundo. Soy una E S T R E L L A F U G A Z.

 Soy un largo velo blanco en la noche. Soy la V Í A L Á C T E A.

 Soy el momento en el que un cuerpo celeste esconde otro. Soy un E C L I P S E.

2 Es un meteorito de origen **LUNAR**.

 Soy un cuerpo celeste que ha llegado a la Tierra. Soy un M E T E O R I T O.

4

5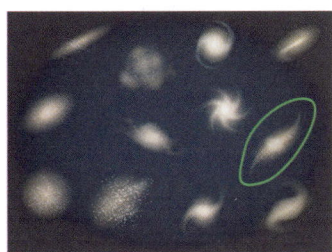

Objetos espaciales

1  Satélite

 Rover

 Transbordador

 Telescopio James Webb

2 Este es un pequeño paso para un hombre pero un gran salto para la **humanidad**.

3

4

5

En la misma colección

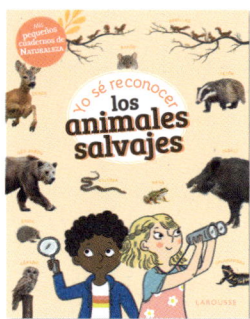

EDICIÓN ORIGINAL
Dirección de la publicación: Sophie Chanourdie
Responsable editorial: Laurence Lesbre
Cubierta: Mélissa Chalot
Creación gráfica: Anne-Danielle Naname

EDICIÓN EN ESPAÑOL
Dirección editorial: Jordi Induráin Pons
Edición: Emili López Tossas
Traducción: Jordi Font Barris
Corrección: Àngels Olivera Cabezón
Maquetación, adaptación de la cubierta y preimpresión: José M.ª Díaz de Mendívil Pérez

© Éditions Larousse, 2022
© LAROUSSE EDITORIAL, S. L., 2024
Bac de Roda, 64, 1.ª planta, local B, 08019 Barcelona
www.larousse.es - clientes@grupoanaya.com

Primera edición: marzo 2024
ISBN: 978-84-19739-70-4
Depósito legal: B-21311-2023
1E1I

PAPEL DE FIBRA
CERTIFICADA

P. 34 **4**

P. 42 **1**

P. 43 **4**

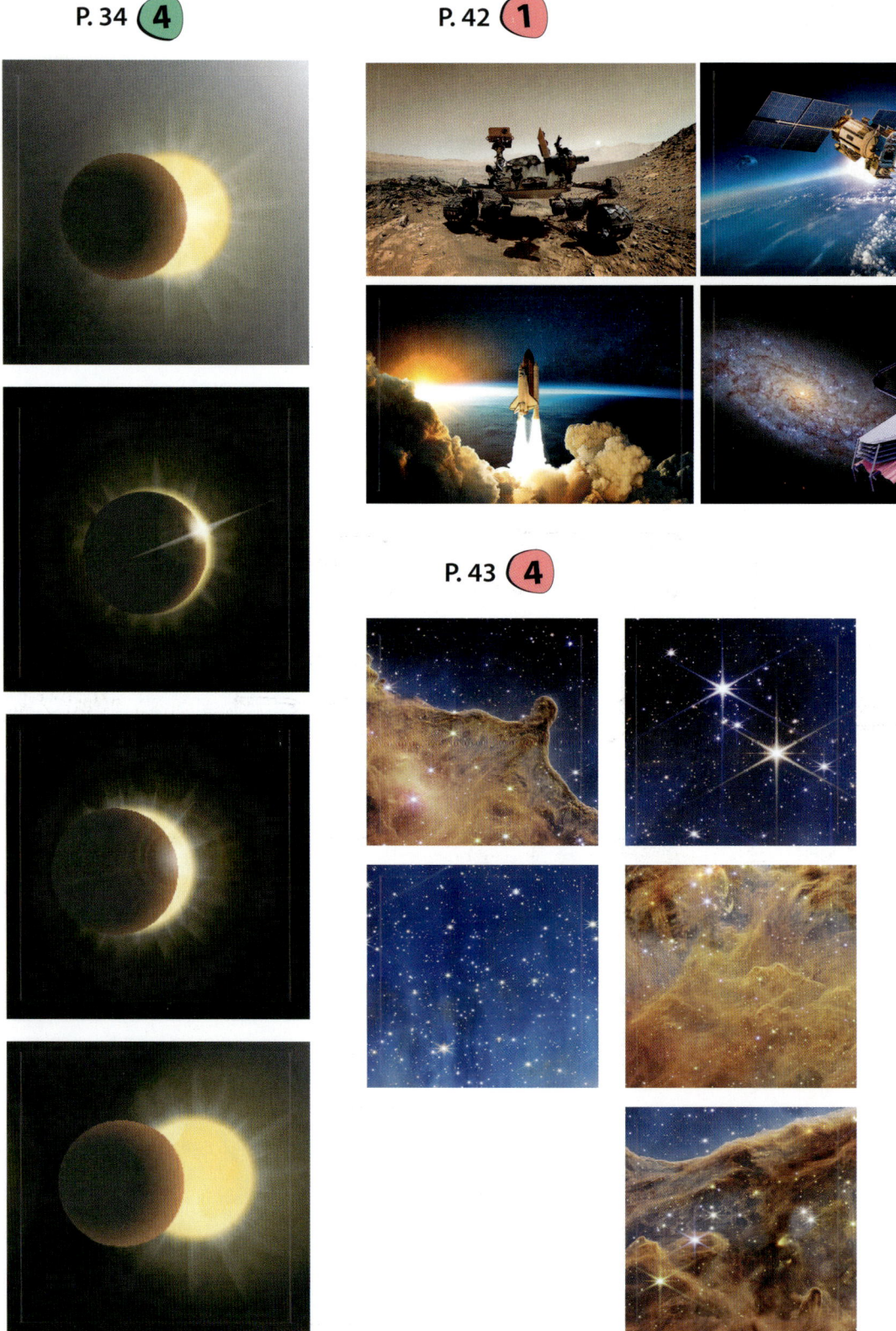

P. 11 3

P. 12 5

P. 33 3